DISSERTATION

SUR

L'ARTICLE 585 DU CODE CIVIL

DISSERTATION

SUR L'ARTICLE 585

DU CODE CIVIL,

ET

REFUTATION

DE

LA DOCTRINE DE M. TOULLIER

SUR UNE QUESTION NÉE DE CET ARTICLE.

A Rennes, chez Mme Ve VATAR et BRUTÉ;
Imprimeur du Roi.

Février 1819.

Dissertation

Sur la question de savoir si l'époux qui reprend son propre avec tous les fruits pendans par racines ou par branches, à l'époque de la dissolution de la Communauté conjugale, doit rembourser ou rapporter à la masse de l'actif de la Communauté la valeur des semences, engrais et labours, lorsque le propre est cultivé par la main des époux; Et

Réfutation

De la Doctrine de M. Toullier sur cette question.

—————

PAR M. LE GUEVEL, *Avocat, Auteur du Commentaire de l'Usement de Rohan.*

═══════════

CETTE question intéresse tous les gens mariés sous le régime de la Communauté légale. On

(6)

peut donc dire qu'elle est extrêmement importante.

On sait qu'il peut y avoir deux sortes de
communautés entre les époux : la communauté
légale, et la communauté conventionnelle.

La communauté légale a lieu lorsque le mariage se fait sans contrat, ou lorsque les époux,
par leur contrat de mariage, déclarent seulement qu'ils se marient sous le régime de la
communauté. Dans ces deux cas, la communauté est réglée par la première partie du chapitre second du titre cinq du livre trois du Code
civil, qui traite du contrat de mariage et des
droits respectifs des époux.

La communauté est conventionnelle, quand
il existe un contrat de mariage portant des conventions qui excluent ou modifient la communauté légale.

On pourrait, par exemple, stipuler, dans un
contrat de mariage, que l'époux qui reprend
son propre avec les fruits pendans à la fin de
la communauté, serait tenu de rembourser à
la communauté les frais de semence et de labourage.

Notre objet n'est pas d'entrer dans un plus
grand détail sur ces deux espèces de communautés, parceque la question que nous avons
à traiter n'a de rapport qu'à la communauté (1)
légale. Mais comme il est de fait que la majeure

____

(1) Elle se présenterait cependant dans la communauté conventionnelle, si les conventions étaient muettes
sur les semences et labours.

partie des Français se marient sous le régime de la communauté légale, il en résulte que cette question regarde aussi la majeure partie des Français. Elle présente donc un intérêt majeur.

Plus cette question est importante par l'étendue d'intérêt qu'elle présente, plus il serait à désirer qu'il n'y eût qu'un sentiment pour en donner la solution; mais, malheureusement, elle est controversée parmi les Jurisconsultes dans le ressort d'une Cour Royale. Il n'existe point encore de jurisprudence sur cette question.

Les uns, adoptant l'opinion de M. Toullier, prétendent que le rapport des frais des semences, engrais et labours est dû à la communauté par l'époux qui recueille les fruits pendans sur son propre, lors de la dissolution de la communauté.

Les autres, appliquant à la communauté conjugale qu'ils regardent comme usufruitière des propres des deux époux, l'article 585 du Code civil concernant l'usufruit, décident que l'époux propriétaire doit disposer des fruits attachés au fond de son propre sans aucune récompense, ni aucun rapport pour les frais de semences et de labours à l'époque de la dissolution de la communauté.

Cette diversité d'opinions répand des nuages et de l'incertitude sur la liquidation et le partage de la communauté à l'époque de sa dissolution, et même il en résulte une injustice manifeste.

Cette injustice existe du côté de ceux qui sont partisans du rapport des semences et labours à la masse de la communauté, si véritablement ce rapport n'est pas dû; et elle existe du côté des partisans de l'opinion contraire, si le rapport est dû.

Ces deux opinions, dont l'une dit que le rapport est dû, et l'autre dit que le rapport n'est pas dû, sont évidemment contradictoires; elles ne peuvent donc pas être vraies toutes les deux ensemble, parce qu'il est de principe, fondé sur la raison, que de deux propositions contradictoires, l'une est nécessairement fausse.

Le but que nous nous proposons est de détruire cette diversité d'opinions, dans la crainte qu'elle ne fasse des progrès; d'établir de l'uniformité dans la liquidation de la communauté; de ramener les deux opinions à une seule, à l'exécution de la disposition littérale de l'article 585 du Code civil, qui ne veut point de récompense des semences et labours au commencement, ni à la fin de l'usufruit. Nous pensons que c'est le vœu du bien public et de l'équité.

Nous établissons les trois propositions suivantes :

1.º La communauté est usufruitière des propres des deux époux, et même il est impossible de la placer dans aucune autre classe que celle de l'usufruit;

2.º L'époux propriétaire doit recueillir les fruits attachés par racines ou par branches à son propre, lors de la dissolution de la communauté, lorsque le propre est cultivé par la main des époux;

3.º L'époux propriétaire, en reprenant alors son propre avec les fruits pendans, ne doit aucune récompense, ni aucun rapport pour les frais des semences, engrais et labours.

La preuve de ces trois propositions sera fondée sur la loi actuelle; nous ferons voir qu'elle a abrogé les dispositions des Coutumes concernant le rapport des semences et labours; abrogation d'autant plus nécessaire qu'elles avaient des dispositions différentes et opposées sur cette matière. Nous citerons plusieurs auteurs, également estimables et estimés, qui appliquent l'article 585 du Code civil à la communauté conjugale. Nous réfuterons l'objection que les partisans de l'opinion contraire vont puiser dans l'article 1437 du même Code; nous prouverons que loin d'être applicable à la question décidée par l'article 585, il a été fait pour d'autres cas; nous donnerons un tableau de ces divers cas; nous prouverons que le système des partisans du rapport des semences et labours, bien loin d'être conforme à l'équité, donne lieu à une perte et à une injustice au détriment de l'époux propriétaire; enfin, nous démontrerons que le sentiment qui n'admet ni récompense, ni rapport, est seul juste et équitable, les semences et labours existans à la fin de la communauté, n'étant qu'une compensation de ceux dont la communauté avait profité au commencement.

PREMIÈRE PROPOSITION.

La Communauté est usufruitière des propres des deux époux.

La communauté entre le mari et la femme n'était pas connue des Romains; ce n'est donc point dans le Droit romain qu'il faut chercher des notions et des règles sur la communauté conjugale qui était admise dans le plus grand nombre des Coutumes de la France.

Pour en chercher l'origine, il faudrait remonter jusqu'à l'usage des anciens Germains, aux Commentaires de César, à la loi des Ripuaires, et à la loi des Saxons, et encore on n'y trouverait pas la communauté telle qu'elle était dans le Droit coutumier.

Au reste, les recherches sur l'origine de la communauté entre les époux, seraient plus curieuses qu'utiles. Ainsi, au lieu de nous livrer à soulever le voile qui la couvre, nous allons nous borner à la question qui nous occupe.

Le Code civil admet deux régimes au choix des gens mariés : le régime de la communauté, qui est conforme aux habitudes des Français qui vivaient dans les pays coutumiers, et le régime (1) dotal, conforme aux mœurs de ceux

______

(1) Il ne suffit pas de stipuler une dot pour établir le régime dotal; il faut déclarer expressément dans un contrat se marier sous ce régime.

qui existaient dans les provinces soumises au Droit romain, appelé aussi Droit écrit.

On trouve dans l'article 1401 du Code civil, une énumération des objets qui entrent dans l'actif de la communauté; cet article est ainsi conçu : « La communauté se compose active- » ment 1.º De tout le mobilier que les époux » possédaient au jour de la célébration du ma- » riage, ensemble de tout le mobilier qui leur » échoit pendant le mariage à titre de succes- » sion ou même de donation, si le donateur » n'a exprimé le contraire ;

» 2.º De tous les fruits, revenus, intérêts et » arrérages, de quelque nature qu'ils soient, » échus ou perçus pendant le mariage, et pro- » venant des biens qui appartenaient aux époux » lors de sa célébration, ou de ceux qui leur » sont échus pendant le mariage, à quelque » titre que ce soit;

» 3.º De tous les immeubles qui sont acquis » pendant le mariage ».

Il est bon de placer ici une observation som- maire sur les différentes espèces de fruits; on les divise en fruits naturels, fruits industriels et fruits civils.

Les fruits naturels sont ceux qui viennent sans culture, tels que les herbes des prés, les pommes, les châtaignes, les noix.

Les fruits industriels d'un fond, exigent la culture et les soins de la main de l'homme; tels sont les blés-seigle, les avoines, les fromens, les blés-noir ou sarazins, et autres espèces de grains.

On doit aussi regarder comme fruits indus-

triels le produit des vignes, dans les départe-
mens vignobles; parce que les vignes exigent
une culture dont nous aurons occasion de parler
plus amplement dans la suite.

Sous le nom de fruits civils, on comprend les
loyers des maisons, le prix des baux à ferme des
métairies, les intérêts et les arrérages des rentes.

Tous ces fruits appartiennent à la communauté, suivant le second paragraphe de l'article
1401 du Code; parce qu'il n'en excepte aucun :
les mots *tous les fruits* qu'on y remarque, sont
généraux et universels.

Mais la communauté a-t-elle quelque droit
au fond des propres qui produisent ces fruits ?
Non sans doute. Le même article le dit encore
assez, puisqu'il parle de fruits provenant des
biens appartenant aux époux. Cette expression,
des biens qui appartenaient aux époux lors
de sa célébration, ou de ceux qui leur sont
échus pendant le mariage, ne permettent
pas de douter que chaque époux reste propriétaire du fond du propre, et que cette propriété n'appartient point à la communauté.

A ces traits, on ne peut pas méconnaître
l'usufruit. On voit donc dès ici que la communauté est usufruitière des propres des époux.

En effet, qu'est-ce que l'usufruit ? Il est dé-
fini par le Droit romain : *Jus alienis rebus uten-*
di-fruendi, salvâ rerum substantiâ. L'article
578 du Code civil en donne la définition en
ces termes : « L'usufruit est le droit de jouir
» des choses dont un autre a la propriété, comme
» le propriétaire lui-même, mais à la charge
» d'en conserver la substance ».

Cette définition convient parfaitement à la communauté conjugale, puisqu'elle a tous les fruits des propres des époux, et qu'elle a le droit d'en jouir, comme le propriétaire lui-même, sans pouvoir rien prétendre à la propriété du fond dont les fruits proviennent.

Nous aurons lieu de dire bientôt que si le propre de l'un des époux était vendu ou aliéné pendant le mariage, la communauté serait obligée de rendre le prix qu'elle en aurait touché, et que même elle doit répondre des sommes qu'elle aurait reçues pour le rachat des services fonciers dus aux propres des époux. Elle ne peut donc pas en altérer la substance ; *salvâ rerum substantiâ*.

Un autre article du Code civil, qui concerne aussi l'actif de la communauté, fortifie la conséquence qui dérive naturellement du texte de l'article 1401. C'est l'article 1403, dont la première disposition porte que « les coupes de » bois et les produits des carrières et mines » tombent dans la communauté, pour tout ce » qui en est considéré *comme usufruit*, d'après » les règles expliquées au titre de l'usufruit, » de l'usage et de l'habitation ».

Le mot *usufruit*, employé dans cet article, ne laisse aucune ambiguïté ; il est clair et précis. Il résulte donc encore de cet article que la communauté doit être considérée comme usufruitière des propres des époux.

Le Code civil, dans le paragraphe qui concerne le passif de la communauté, contient une autre disposition, qui annonce évidemment que

la communauté est placée dans la classe d'un usufruitier, respectivement aux biens propres des époux ; l'article 1409 donne un détail des différentes dettes qui sont à la charge de la communauté, et il dit formellement que le passif se compose aussi « Des réparations usu-
» fructuaires des immeubles qui n'entrent point
» en communauté ».

Or, de ce que la communauté est chargée des réparations *usufructuaires* des immeubles qui n'entrent point en communauté, c'est-à-dire, des propres des époux, il s'ensuit qu'elle est usufruitière de ces immeubles ; car, de même que le bénéfice entraîne les charges, de même aussi les charges supposent le bénéfice : *Qui sentit commodum, sentire debet onus ; qui sentit onus, sentire debet commodum*. Les bénéfices et les charges sont des corrélatifs insé-parables de leur nature. Il est donc évident que la loi place la communauté dans la classe de l'usufruit, puisqu'elle la charge des réparations usufruitières.

Nous dirons ici, en passant, que les répara-tions qui incombent aux usufruitiers, sont plus étendues que les réparations locatives dont sont tenus les locataires et les fermiers ; mais qu'elles sont moins considérables que les grosses répa-rations qui incombent aux propriétaires. Les articles 605 et 606 du Code civil chargent l'usufruitier de toutes les réparations, de quel-que nature et espèce qu'elles soient, à l'exce-ption seulement de celles des gros murs et des voûtes, du rétablissement des poutres et des couvertures entières, et de celui des digues et des murs de soutenement, et de clôture aussi en entier, qui incombent au propriétaire.

A l'autorité de la loi vient se joindre l'autorité des auteurs, pour placer la communauté dans la classe de l'usufruit, à l'égard des propres des époux.

En effet, M. Delvincourt, professeur et doyen de la Faculté de droit de Paris, enseigne que la communauté est usufruitière des biens propres des époux. Cet auteur s'exprime en ces termes, à la page 528 du premier tome de son cours de Code civil : « On peut regarder comme un usu- » fruit légal le droit en vertu duquel les fruits » et revenus des biens personnels des époux, » mariés sans contrat, appartiennent à la com- » munauté ».

Il dit, page 437 du second tome, *qu'on ne peut nier que la communauté soit usufruitière universelle des biens propres de chacun des époux.* Telles sont encore les expressions for- melles de l'auteur.

Il explique ensuite, dans la même page, le paragraphe de l'article 1409 du Code, relatif aux réparations usufructuaires des immeubles qui n'entrent point en communauté, et on y lit ces termes : *La communauté est usufruitière de ces immeubles. Donc* etc.

Il n'est pas hors de place de jeter ici un coup d'œil rapide sur quelques anciens auteurs. L'ar- ticle 600 de la Coutume de Bretagne était rela- tif au cas où il se trouvait des fruits attachés à la terre après le décès de la douairière et autres usufruitiers. Duparc-Poullain dit, dans les notes de sa petite Coutume, imprimée en 1778, que cet article s'appliquait à la dissolution de la communauté. Cet auteur regardait donc aussi la communaté comme usufruitière des propres de chacun des époux.

On trouve la même doctrine dans l'Aitiologie [1] de d'Argentré sur le même article. *Hic articulus utilissimam regulam juris constituit, quoties scilicet lege, vel consuetudine, ususfructus consolidatur proprietati, vel ex doarii causâ, vel viagio, vel dissolutione matrimonii, toties fructus qui solo hærent, proprietario, id est, domino soli deferri,* etc. Ce passage de d'Argentré prouve que ce savant Jurisconsulte assimilait la communauté à un usufruitier. Les termes *vel ex doarii causâ, vel dissolutione matrimonii,* ne permettent pas d'élever le moindre doute à cet égard; la communauté y est assimilée à une douairière qui avait l'usufruit des biens sujets au douaire, sans pouvoir rien prétendre à la propriété.

Ainsi, Duparc-Poullain et d'Argentré plaçaient, comme Delvincourt, la communauté au rang des usufruitiers. La jurisprudence était aussi constante à cet égard en Bretagne.

Nous avons annoncé qu'il était même impossible d'assigner à la communauté une autre classe; il faut maintenant donner la preuve de cette assertion.

Nous demandons dans quelle autre classe ou

---

[1] Notes sur la Coutume réformée en 1580.

pourrait placer la communauté. Serait-ce dans celle d'un propriétaire ? Les articles 1433, 1470 et 1471 du Code civil y résistent d'une manière invincible.

Le premier a pour objet le cas où la communauté a touché une somme d'argent provenant du fond des conjoints. « S'il est vendu, dit-il,
» un immeuble appartenant à l'un des époux,
» de même que si l'on s'est rédimé en argent
» de services fonciers dus à des héritages propres à
» l'un d'eux, et que le prix en ait été versé dans
» la communauté, le tout sans remploi, il y a
» lieu au prélèvement de ce prix sur la commu-
» nauté au profit de l'époux qui était propriétaire,
» soit de l'immeuble vendu, soit des services
» rachetés ».

Cette expression, *il y a lieu au prélèvement de ce prix sur la communauté*, est remarquable; car elle nous dit énergiquement que la communauté en est débitrice, et que c'est elle qui doit rendre et restituer ce qu'elle a reçu du prix du propre des conjoints.

D'où il suit qu'elle ne peut pas être mise dans la classe d'un propriétaire, respectivement aux biens personnels des deux époux. Elle n'a point à cet égard *jus utendi et abutendi*.

L'article 1470 porte aussi que le prix des immeubles de chaque époux qui ont été aliénés pendant la communauté, se prélève sur la masse; et l'article 1471, qui trace le mode des prélève-mens, dispose qu'ils s'exercent d'abord sur l'argent comptant, ensuite sur le mobilier, et subsi-diairement sur les immeubles de la communauté, sauf la faveur accordée à la femme par l'article 1472, dans le cas d'insuffisance des biens de la communauté, pour faire face aux remplois de propre qui pourraient lui être dus.

Les deux articles 1470 et 1471 du Code civil se réunissent donc à l'article 1455, pour empêcher de placer la communauté dans la classe d'un propriétaire, respectivement aux biens personnels de chacun des époux.

Celle de l'usager pourrait-elle convenir à la communauté? Point du tout. L'usage est un droit purement personnel qu'un particulier a de percevoir sur les fruits d'un bien dont la propriété appartient à un autre, une quotité, jusqu'à concurrence de ce qui est nécessaire pour la consommation de sa maison et non au-delà. Aussi l'article 630 du Code civil dit que « celui qui a « l'usage des fruits d'un fond, ne peut en exiger « qu'autant qu'il lui en faut pour ses besoins « et ceux de sa famille ».

Or, la communauté a des droits beaucoup plus étendus sur les biens personnels des époux, puisque tous les fruits qui en proviennent lui appartiennent, en général et sans aucune exception; elle a même droit au capital des rentes constituées qui n'ont plus le caractère d'immeubles fictifs qui leur était attribué par les anciennes lois.

L'usager ne peut céder, ni louer son droit à un autre, comme le dit encore l'art. 631 du Code; au lieu que les immeubles personnels des époux peuvent être loués et affermés, pour le prix de la location et de la ferme tomber dans le coffre de la communauté.

La classe de l'habituaire est encore plus étrangère à la communauté ; car l'habitation est le droit d'habiter dans la maison d'autrui : il ne peut avoir lieu que sur des bâtimens ou des édifices, et il est restreint par l'article 633 du Code civil, à ce qui est nécessaire pour l'habitation de celui à qui il est concédé, en y comprenant sa famille ; tandis que la communauté a le droit de jouir non seulement des édifices, mais encore des fonds de terre et de tous les biens des époux qui sont propres à chacun d'eux.

Nous aurons même lieu de faire voir dans la suite que les règles du contrat de société ne peuvent pas convenir à la communauté conjugale, quoiqu'il y ait une habitation et une collaboration commune entre les époux, parce que cette espèce de société est, comme le disent les auteurs, extraordinaire et exorbitante du droit commun.

Il résulte de tout ce qui est établi ci-dessus, que la communauté demeure irrévocablement fixée dans la classe des usufruitiers, et qu'il est impossible de lui assigner aucune autre place aux yeux de la loi.

Nous croyons devoir faire ici une observation qui sort naturellement des articles 1433, 1470 et 1471 du Code, ci-dessus cités ; c'est que, pour se former une juste idée de la communauté, il faut la considérer comme un être moral ou comme une tierce-personne (1), placée entre

____

(1) L'article 1473 du Code civil distingue aussi la communauté d'avec la personne des époux. Il parle des remplois et récompenses dus par la communauté aux époux, et des récompenses et indemnités par eux dues à la communauté.

les deux époux : c'est cet être moral qui a l'usufruit de leurs biens personnels, et auquel appartiennent tous les fruits et revenus des biens qui
font l'objet de l'usufruit; mais comme cet être
moral ne peut pas régir et administrer ces biens
par lui-même, la loi lui nomme un administrateur, et c'est le mari qui est établi administrateur légal; cette administration lui est donnée
par l'article 1421 du Code civil, portant tex-
tuellement que *le mari administre seul les
biens de la communauté.*

Cette observation ne doit pas être perdue de
vue; il sera sur-tout nécessaire de se la rappeler
lors de l'examen et de la preuve de notre troisième proposition. Nous passons maintenant à
la seconde.

SECONDE PROPOSITION.

*L'époux propriétaire doit recueillir son propre
avec tous les fruits qui y sont pendans et
attachés par branches ou par racines, à
l'époque de la dissolution de la communauté, lorsque le propre est cultivé par
la main des époux.*

Il s'agit de fruits naturels et industriels, puisqu'on suppose le propre (1) cultivé par la main

______

(1) Ce serait la même chose dans le cas où il y
aurait un colon partiaire.

des époux. Nous ferions donc un hors-d'œuvre, si nous nous arrêtions à examiner le sort des fruits civils ; nous dirons seulement que ceux qui étaient échus à l'époque de la dissolution de la communauté, tombent dans la masse de l'actif de la communauté, et que ceux qui échoient postérieurement à la même époque, doivent être touchés par le propriétaire de l'héritage affermé, soit par argent, soit par somme de grains.

Parmi la multitude des Coutumes qui avaient force de loi en France, avant le Code civil, il en est qui parlaient du douaire, et il en était d'autres qui faisaient une mention expresse de la dissolution de la communauté. Le plus grand nombre de ces Coutumes s'accordait à dire, soit dans le cas du décès de la douairière, soit dans le cas de la dissolution de la communauté, que le propriétaire de l'héritage devait alors le recueillir avec tous les fruits attachés au sol par branches ou par racines à la même époque.

La plus remarquable des ces Coutumes est celle de Paris (1), dont la première disposition de l'article 251 est ainsi conçue : « Les fruits des » héritages propres, pendans par les racines au » tems du trépas de l'un des conjoints par ma- » riage, appartiennent à celui auquel advient » l'héritage ». La seconde disposition a pour objet les semences et labours ; mais nous la discuterons en établissant notre troisième proposition.

On ne trouve aucune disposition semblable

---

(1) Elle formait le Droit commun pour les pays où il n'y avait pas d'usement contraire.

dans le Code civil, titre 5 du livre 3, qui concerne le contrat de mariage et les droits respectifs des époux. Le premier paragraphe de l'article 1470 porte, à la vérité, que « chaque » époux ou son héritier, prélève ses biens per» sonnels qui ne sont point entrés en commu» nauté, s'ils existent en nature, ou ceux qui ont » été acquis en remploi »; mais il est absolument muet sur le sort des fruits attachés par branches ou par racines au propre. Ce silence doit-il être regardé comme une lacune, ou comme une omission du Législateur ? Non, sans doute. Les rédacteurs du Code civil, en abrogeant les Coutumes, ont tout prévu sur cette matière; ils étaient convaincus que la communauté se trouvait placée dans la classe des usufruitiers par divers articles du titre concernant le mariage; ils se rappelaient aussi que le sort des fruits naturels et industriels était réglé, tant au commencement qu'à la fin de l'usufruit, par l'article 585 du Code, placé au titre 3 du livre 2 concernant l'usufruit, décrété avant le titre du mariage. Ils ont voulu éviter une répétition inutile et superflue.

Tel est le motif du silence que le Législateur a gardé dans le titre du mariage sur le sort des fruits naturels et industriels, attachés au propre des époux lors de la dissolution de la communauté.

Mais que porte l'article 585 du Code civil ?

Il dispose que « les fruits naturels et indus» triels, pendans par branches ou par racines » au moment où l'usufruit est ouvert, appar-

» tiennent à l'usufruitier, et que ceux qui sont
» dans le même état au moment où finit l'usu-
» fruit, appartiennent au propriétaire ». Il ajoute
qu'il n'est point dû de récompense, de part ni
d'autre, pour les labours et les semences. Mais
nous renvoyons cette addition à notre troisième
proposition.

D'après les termes que nous venons de rapporter de l'article 585 du Code civil, il est évident que l'époux propriétaire doit recueillir son
propre avec les fruits naturels et industriels qui
y sont attachés à la fin de la communauté, puisque la communauté est placée dans la classe des
usufruitiers.

La preuve de notre seconde proposition est
donc suffisamment établie. Ainsi nous ne nous
étendrons pas davantage à cet égard.

D'ailleurs, les partisans du système du rapport
des semences et labours à la masse de l'actif de
la communauté, conviennent que le propriétaire
doit reprendre son propre avec les fruits qui y
sont attachés à l'époque de la dissolution de la
communauté. Ils reconnaissent donc que l'article
585 du Code civil s'applique à la communauté
pour cette partie; mais ils veulent en écarter
l'application pour la partie relative aux labours
et semences. N'est-ce point une contradiction de
leur part ? Si ce n'était point une contradiction,
ce serait une erreur en droit.

TROISIÈME PROPOSITION.

L'époux propriétaire, en reprenant son propre avec les fruits pendans par branches ou par racines à l'époque de la dissolution de la communauté, ne doit aucune récompense ni aucun rapport pour les frais de semences, engrais et labours.

Il ne faut pas chercher la preuve de cette proposition dans les anciennes lois. On doit la puiser dans le Code civil; nous avons déjà dit que l'article 585 de ce Code ne veut ni récompense ni rapport pour les labours et les semences, soit au commencement, soit à la fin de l'usufruit; mais, pour faire mieux sentir la sagesse et l'équité de cet article, nous allons passer en revue les Coutumes qui avaient des dispositions relatives à cette matière.

Nous avons rapporté plus haut le texte de la première disposition de l'article 231 de la Coutume de Paris, qui attribuait à l'époux propriétaire les fruits pendans à l'époque de la dissolution de la communauté; mais il ajoute ces termes : *A la charge de payer la moitié des labours et semences,* ce qui est l'équivalent d'un rapport à la masse de l'actif de la communauté.

On trouve des dispositions semblables (1) dans plusieurs autres Coutumes, telles que Calais 33, Laon 23, Bar, 85, Bassigny 56, et Orléans, article 208.

Mais il existait aussi des Coutumes qui, au lieu d'accorder à l'époux propriétaire la récolte des fruits attachés au sol lors de la dissolution de la communauté, abandonnaient cette récolte à la communauté, et en prescrivaient le partage entre le propriétaire de l'héritage et les héritiers du conjoint prédécédé : ces Coutumes, du nombre desquelles étaient celle du Maine, article 266, et celle de Blois, article 184, ne parlaient point du remboursement ni du rapport des frais de semences et de labours; mais des auteurs conjecturaient, sous le régime des anciennes lois, que l'abandon de la récolte à la masse active de la communauté était fait pour l'indemniser des frais de culture. L'article 184 de la Coutume de Blois est ainsi conçu : « Si, lors du trépas de » l'un desdits conjoints, les terres sont ensemen- » cées et les vignes marnées et taillées, qui étaient » propres de l'un desdits conjoints, les fruits » desdites terres et vignes se diviseront, pour » ladite année, entre le survivant et les héritiers « du premier décédé, également ».

Un certain nombre de Coutumes portaient que la veuve douairière disposait des fruits pendans par branches ou par racines, à l'ouverture du douaire sur les héritages tombés dans son

____

(1) Voyez la conférence des Coutumes par Duparc-Poullain.

lot, sans rien rembourser aux héritiers de son mari pour les frais de semence et de culture ; mais qu'aussi les fruits qui étaient dans le même état à l'extinction du douaire, étaient recueillis par les héritiers du mari, sans être tenus à aucune récompense ou indemnité envers les héritiers de la douairière, à cause des frais de labours et de semences. On trouve au nombre de ces Coutumes celle de Sédan, article 211, Bourbonnais 263, Chauny 124, Troies 86 et Vitry 94.

Au contraire, la Coutume de Bretagne obligeait le propriétaire qui reprenait son propre avec les fruits pendans à l'époque du décès de la douairière, ou de tout autre usufruitier, à rembourser la valeur des semences et labours. L'article 600 de cette Coutume est ainsi conçu : « S'il y a douai-
» rière *ou autre usufruitier décédé*, et les
» terres soient ensemencées, le propriétaire
» prendra ce que sera en terre, payant et rem-
» boursant les semences, engrais et labourages,
» à l'arbitrage que dessus ».

On a vu, par les sentimens de Duparc-Poullain et d'Argentré, ci-dessus mentionnés, que l'article 600 de la Coutume de Bretagne, s'appliquait à la dissolution de la communauté conjugale, et même on ne peut pas se dissimuler que tout ce que les Coutumes portaient au sujet du douaire coutumier, était applicable de plein droit à la communauté, puisque la veuve douairière n'avait que l'usufruit des biens compris dans son douaire, de même que la communauté n'avait aussi que l'usufruit des biens propres de chacun des époux.

On est sans doute étonné de la variation qui régnait dans ces diverses dispositions coutumières, les unes accordant au propriétaire les fruits pendans sur le fond à la fin de l'usufruit, sous la condition de rembourser les semences, engrais et labourages; les autres le dispensant de ce remboursement; quelques unes ne voulant point de remboursement des frais de culture, ni au commencement, ni à l'expiration de l'usufruit, et quelques autres ordonnant le partage, par égale portion, entre l'époux propriétaire et les héritiers du prédécédé, des grains et fruits attachés à la terre lors de la dissolution de la communauté.

Cette variation aura nécessairement fait une vive impression sur l'esprit du Législateur, qui avait pour but de créer et d'établir une loi uniforme. (1)

Les anciens auteurs n'étaient pas plus d'accord que les Coutumes sur la question relative au remboursement ou non remboursement des semences et labours.

L'opinion de Le Brun et de Pothier, Traités du douaire et de la communauté, était pour le remboursement à la fin de l'usufruit, et non au commencement; mais Renusson, Traité du douaire, chap. 14, n.º 40, avait embrassé une opinion contraire : il pensait que la douairière devait rembourser les frais de semences et de culture pour les fruits qu'elle récoltait à l'époque

____

(1) L'uniformité des lois était l'objet des vœux du célèbre Daguesseau.

de l'ouverture du douaire, ou qu'ils devaient se compenser avec les frais de labours et de semences des fruits pendans que le propriétaire recueillait à la mort de la douairière ; il regardait qu'il aurait dû y avoir une compensation des semences et labours existans au commencement de l'usufruit avec ceux qui existaient à la fin de l'usufruit.

On voit dans le Commentaire de Sauvageau, sur l'article 600 de la Coutume de Bretagne, que cet auteur aurait désiré que la douairière, ou tout autre usufruitier, eût remboursé les frais de semences, engrais et labours des fruits pendans à l'ouverture du douaire ou de l'usufruit, puisque cet article obligeait le propriétaire au remboursement de ceux existans lors du décès de la douairière ou de tout autre usufruitier. Voici les propres termes de Sauvageau : « Il serait bien « à propos et bien utile de régler si, comme » l'usufruit finissant, le propriétaire prend les » fruits attachés à la terre, remboursant les » semences et labourages ; aussi la douairière, » ou autre usufruitier, les doit avoir quand » son usufruit commence, remboursant pareille- » ment les frais de la semence et du labourage ».

On trouve dans la grande Coutume de Duparc-Poullain, un raisonnement qui revient à celui de Sauvageau et de Renusson. Car Duparc-Poullain, trouvait de l'injustice en ce que la douairière disposait de la récolte des fruits pendans à l'ouverture du douaire, sans rembourser les frais de semence et de culture au propriétaire. Ce grand Jurisconsulte, après avoir rapporté le sentiment de plusieurs auteurs qui la dispensaient de ce remboursement, tandis que, l'usufruit étant fini, le propriétaire était obligé de rembourser les semences et labours aux héritiers de la douairière, raisonne ainsi :

« Cette décision générale peut paraître injuste ;
» car si la douairière est entrée en jouissance
» dans un tems où tous les frais de semences
» et labours sont faits, elle aura le revenu de
» l'année quitte de ces frais ; quoique, dans la
» vérité, le revenu ne soit évalué qu'après la
» déduction de tous les frais de culture, comme
» de ceux de récolte. Si elle meurt dans l'année,
» il serait injuste de lui rembourser des frais
» de culture dont elle était amplement dédom-
» magée par la récolte qu'elle a faite, sans avoir
» été obligée de payer les frais de culture anté-
» rieurs à sa jouissance.

» Aussi le sentiment que je viens de rapporter,
» est condamné par M. Bouhier, chap. 76, n.° 76,
» comme contraire aux règles ; il prouve même
» solidement que, dans les vrais principes, la
» douairière doit le remboursement des frais de
» culture » :

Le même auteur, Duparc-Poullain, parle encore de cette question dans les principes du Droit français, suivant les maximes de Bretagne, tom 5, p. 330, n.° 426. Il s'exprime en ces termes :
« Je crois, dit-il, avoir prouvé sur l'art 600, l'in-
» justice de la décision qui donne à la douairière
» les fruits pendans par racines à l'ouverture
» du douaire, sans être obligée de payer les
» semences, engrais et labours, et qui assujétit

» néanmoins le propriétaire au remboursement
» des semences et labours à la fin de l'usufruit ».

En se rappellant que l'article 600 de la Coutume
de Bretagne s'appliquait à la dissolution de la
communauté, on voit que le sentiment de Duparc-
Poullain était que l'époux propriétaire aurait
dû être remboursé des frais de culture des fruits
pendans par racines au commencement de la communauté, puisqu'il était alors obligé de les rembourser lui-même à la fin de la communauté.

Au milieu de la variation des Coutumes et des
Opinions opposées des anciens Auteurs, quel parti
devait prendre le Législateur du Code civil? Il
avait pour but d'établir une Loi générale et conforme à l'équité.

S'il avait statué que l'usufruitier aurait profité
de la récolte des fruits pendans par racines à l'ouverture de l'usufruit, sans payer les frais de culture, et que le propriétaire aurait cependant été
obligé de rembourser la valeur de ces objets à la
fin de l'usufruit, une pareille disposition législa-
tive aurait été diamétralement contraire à l'équité.

S'il avait ordonné que l'usufruitier aurait remboursé les frais des semences et labours, en en-
trant en jouissance, et que le propriétaire aurait été
aussi tenu de faire le remboursement des semences
et labours après le décès de l'usufruitier, dans ce
cas il eût été nécessaire de faire deux prisages des
semences et labours des fruits attachés à la terre,
l'un au commencement, et l'autre à l'expiration
de l'usufruit. Il en serait résulté des frais, et cela
aurait pu donner aussi lieu à deux procès.

Il était de la sagesse du Législateur d'éviter ces

inconvéniens; c'est dans cet esprit qu'il a porté l'art. 585 du Code civil, qui n'admet aucun remboursement des frais de semences, engrais et labourages, ni au commencement, ni à la fin de l'usufruit. Nous avons rapporté ci-dessus une partie de cet article; mais nous croyons devoir le mettre ici en entier sous les yeux de nos lecteurs. Voici le texte : « Les fruits naturels et » industriels, pendans par branches ou par ra-» cines au moment où l'usufruit est ouvert, » appartiennent à l'usufruitier.

» Ceux qui sont dans le même état, au mo-» ment où finit l'usufruit, appartiennent au » propriétaire, sans récompense de part ni d'autre » des labours et semences, mais aussi sans pré-» judice de la portion des fruits qui pourrait » être acquise au colon partiaire (1), s'il en exis-» tait un au commencement ou à la cessation de » l'usufruit ».

Cet article a abrogé toutes les Coutumes qui contenaient des dispositions relatives aux frais de culture, soit au commencement, soit à la fin de l'usufruit; cette abrogation, que demandait impérieusement leur variation, dont nous avons donné un tableau ci-dessus, ne peut pas être révoquée en doute à la simple lecture de l'art. 7 de la loi du 30 ventôse an 12 (21 mars 1804), qui a réuni les lois civiles en un seul corps, sous le titre de Code civil des Français : Il porte « qu'à » compter du jour où ces lois sont exécutoires,

---

(1) Celui qui jouit à partie aliquote, soit de moitié des fruits, soit d'un tiers ou d'un quart.

» les lois romaines, les Ordonnances, les Cou-
» tumes générales ou locales, les Statuts, les
» Réglemens, cessent d'avoir force de loi géné-
» rale ou particulière dans les matières qui sont
» l'objet desdites lois composant le présent Code»

On ne peut donc tirer aujourd'hui aucun argument ni des Coutumes, ni du Droit romain, ni
d'aucune autre loi ancienne concernant les semences, engrais et labours, soit à l'ouverture,
soit à l'expiration de l'usufruit. L'art. 585 du
Code civil, qui a cette matière pour objet, est
la seule et unique loi que l'on puisse et doive
suivre.

Cet article est également sage et équitable.

Sage, parce qu'il coupe le pied à toutes les
contestations qui auraient pu naître au sujet du
remboursement des semences et labours.

Equitable, parce qu'il admet une compensation entre les frais de culture au commencement
de l'usufruit, et ceux existans à la fin. S'il peut
y avoir quelque chose d'aléatoire sur leur valeur
respective, la chance est égale de part et d'autre,
et c'est ce qui démontre l'équité de l'article.

Mais l'article 585 du Code civil s'applique-t-
il à la communauté conjugale ? L'affirmative est
évidente.

En effet, il est prouvé que la communauté
est usufruitière des propres des deux époux ;
nous avons porté cette preuve jusqu'à la démons-
tration, en établissant notre première proposition.

Or, de ce que la communauté est placée dans
la classe de l'usufruit, respectivement aux propres des deux époux, il s'ensuit nécessairement que

l'art. 585 du Code, qui concerne l'usufruit, doit s'appliquer à la communauté; il est conçu en termes généraux (1) et universels; il embrasse donc l'usufruit légal qui appartient à la communauté.

Si le Législateur avait eu l'intention de soustraire la communauté conjugale à l'application de la disposition générale de l'art. 585, il en aurait fait une exception particulière et formelle; car il a eu l'attention d'en excepter le régime dotal, qui est différent de la communauté, mais qui accorde au mari l'usufruit des biens dotaux de son épouse. L'art. 1571 du Code civil porte « qu'à la dissolution du mariage, les fruits des » immeubles dotaux se partagent entre le mari » et la femme, ou leurs héritiers, à proportion » du tems qu'il a duré pendant la dernière année ».

On ne peut pas, d'après cet article, penser raisonnablement que le Législateur aurait manqué de prévoyance concernant la communauté; la saine raison dicte au contrarire que, dès-là qu'il n'a fait aucune exception pour la communauté, l'on doit regarder comme certain qu'elle est soumise, pour l'usufruit qui lui appartient, à l'empire absolu de l'art. 585 du Code civil.

La preuve que cet article doit s'appliquer à la communauté, se tire encore de la discussion du projet du Code civil qui eut lieu au Conseil d'Etat; il fut attaqué par M. Jollivet, Conseiller d'Etat, dans la séance du 27 vendémiaire an 12,

____

(1) Le régime dotal et les sénatoreries ont des règles particulières.

sous l'aspect des effets qu'il aurait par rapport à la communauté. M. Jollivet proposait de statuer que la communauté eût été remboursée des frais de semences et de labours. Il est vrai qu'il raisonnait dans l'hypothèse où l'un des époux eût été usufruitier d'un fond appartenant à un tiers; il disait que cet usufruit tombait dans la communauté; qu'elle faisait donc les frais de culture, et qu'il serait très rigoureux de la priver de la récolte, sans lui faire raison de ses impenses. Mais ce qu'il disait de l'usufruit d'un fond appartenant à un tiers, était absolument la même chose que s'il eût parlé d'un fond propre de l'un des époux, puisque la communauté est usufruitière des propres des époux, et qu'elle n'en a que l'usufruit.

Les objections de M. Jollivet furent réfutées par M. Tronchet et par M. Treilhard; ce dernier observa sur-tout que si l'usufruitier est exposé à ne pas recueillir ce qu'il a semé, il peut arriver aussi qu'il profite d'une récolte que d'autres ont préparée; que la disposition de l'article portait sur l'entrée en jouissance comme sur la cessation de l'usufruit, et que par conséquent la chance était égale.

La proposition de M. Jollivet fut rejetée, et l'article 585 fut adopté, tel qu'il est dans le Code civil.

De ce que cet article fut attaqué dans les effets qu'il aurait par rapport à la communauté, et que l'objection n'eut aucun succès, il en résulte que, lors de la discussion au Conseil d'Etat, on le regardait comme devant s'appliquer à la communauté. Les conférences du Conseil d'Etat prouvent donc que l'article 585 du Code civil est applicable à la communauté.

Aussi M. Malleville, dans l'Analyse raisonnée de la discussion du Code civil au Conseil d'Etat, tom. 2, pag. 60, 61 et 62, ne balance point à décider que cet article s'applique à la communauté conjugale; tout ce que dit cet auteur à cet égard est trop formel et trop positif pour ne pas trouver ici une place.

« Cet article, dit-il, tranche en peu de mots
» beaucoup de difficultés que le partage des
» fruits naturels et industriels faisait naître entre
» le propriétaire et l'usufruitier, ou les héritiers
» de celui-ci.

» Il était bien constant partout, que l'usu-
» tier profitait de tous les fruits pendans, lorsque
» son usufruit commençait *L. 27, ff de usufr.;*
» mais c'était sur le partage des fruits, à la fin
» de l'usufruit, que les doutes s'élevaient.

» Dans les pays de Droit écrit, on distinguait
» entre l'usufruitier à titre onéreux, comme le
» mari relativement aux biens dotaux dont il
» ne jouit que pour supporter les charges du
» mariage, et l'usufruitier à titre gratuit.

» Les héritiers de celui-ci devaient laisser les
» biens comme il les avait pris, et ils n'avaient
» aucune part aux fruits pendans et non coupés,
» *L. 8, ff de annuis leg.*

» Il y avait cependant une exception très
» importante pour certain pays, et relative aux
» châtaignes et autres fruits qui tombent d'eux-
» mêmes; ces fruits, s'ils n'étaient ramassés par

» l'usufruitier, à la fin de l'usufruit, apparte-
» naient au propriétaire. *L. 13, ff quib. mod.*
» *usufr.*

» Quant au mari (1), les fruits se partageaient
» entre ses héritiers et le propriétaire, à pro-
» portion du tems que le mariage avait duré
» cette année-là, conformément à la fameuse
» Loi *divortio 7, ff solut. matrim.*

» Dans les pays coutumiers, il en était autre-
» ment; et, suivant l'article 231 de la Coutume
» de Paris, qui faisait à cet égard le Droit com-
» mun, les fruits des héritages propres, pendans
» par les racines, à la mort de l'un des con-
» joints, appartenaient à celui qui en était pro-
» priétaire, à la charge de payer la moitié des
» labours et semences. V. sur ces questions La
» Peyrère, Litt. f., n. 65 et 69, et les auteurs
» qu'il cite. Serres, p. 126 et 127.

» Notre article (585) décide très sagement
» toutes ces questions (2) d'une manière simple
» et uniforme.

» Il fut cependant attaqué, dans la discus-
» sion, comme contraire à l'usage et à l'équité,
» même à l'égard de la communauté, en ce
» qu'on ne l'indemnisait pas des avances qu'elle
» avait faites pour procurer la récolte; mais il
» fut facile de répondre que la justice était
» exactement observée, dès que la communauté

---

(1) Régime dotal du Droit romain.

(2) Même celle mentionnée dans l'article 231 de la
Coutume de Paris.

» n'était pas non plus chargée de rembourser
» les avances faites pour la première récolte
» dont elle avait profité ».

Ce passage de l'ouvrage de M. Malleville est clair, précis et formel. Il décide que l'article 585 du Code civil doit s'appliquer à la communauté. Ces termes, *il fut attaqué même à l'égard de la communauté, en ce qu'on ne l'indemnisait pas des avances qu'elle avait faites pour procurer la récolte*, sont remarquables. Il en résulte que tous les membres du Conseil d'Etat étaient convaincus que l'article 585 s'appliquait de plein droit à la communauté; et dès-là qu'il fut adopté, il s'ensuit aussi que la communauté ne doit point être indemnisée pour les frais de culture, à l'époque de sa dissolution, et que le propriétaire qui profite alors de la récolte des fruits pendans sur son propre, ne doit rien payer pour les labours et semences.

On sait que M. Malleville était l'un des rédacteurs du projet du Code civil, et qu'ensuite il avait assisté à toutes les conférences qui eurent lieu dans le Conseil d'Etat. Il a donc connu parfaitement les motifs, l'esprit et l'intention du Législateur. Ainsi le sentiment de cet auteur, qui décide que l'article 585 est applicable à la communauté, mérite une adhésion universelle; c'est une autorité du plus grand port, capable de faire une impression profonde sur tout esprit dégagé de prévention.

On trouve la même doctrine dans l'ouvrage de M. Locré, intitulé Esprit du Code civil: Cet auteur décide aussi que l'article 585 du Code

est applicable à la communauté ; il rapporte, pages 233, 234, 235, 236, 237, 238, 239, 240 et 241 du tom. 7, de l'édition in-8.°, toute la discussion qui eut lieu au Conseil d'Etat ; il donne un tableau des raisons alléguées pour et contre le projet de la commission composée de quatre rédacteurs, MM. Tronchet, Portalis, Bigot-Préameneu et Malleville ; il dit aussi que l'article fut attaqué sous le rapport de la communauté ; mais qu'on ne crut pas devoir s'arrêter aux objections ; il trouve équitable l'art. 585, tel qu'il fut adopté et tel qu'il existe dans le Code civil. Voici les termes de cet auteur : « En
» accordant, dit-il, à l'usufruitier tous les fruits
» non récoltés à l'époque de l'ouverture de
» l'usufruit, sans qu'il doive concourir aux frais
» des travaux, il faut, pour que la chance soit
» égale, que les fruits non recueillis lorsque
» l'usufruit s'éteint, appartiennent au proprié-
» taire affranchi de la même charge ; mais,
» continue-t-il, ce qui est sur-tout d'un grand
» intérêt aux yeux de la loi, et pour le repos
» de la société, c'est qu'une source féconde de
» constestations est tarie ».

On n'ignore pas que M. Locré était Secrétaire du Conseil d'Etat, et qu'il a entendu toutes les conférences tenues au Conseil d'Etat sur le Code civil. L'autorité de ce Jurisconsulte peut donc être mise dans la même balance, et être aussi imposante que celle de Malleville.

Le sentiment de M. Delvincourt est conforme à celui de M. Malleville, et à celui de M. Locré ; cet auteur enseigne, pag. 97 du tom. 2, du

Cours de Code civil, « qu'on doit appliquer à
» la communauté les dispositions de l'article 585,
» relativement aux fruits pendans par racines
» au tems où elle commence, et à l'instant de
» sa dissolution ». Tels sont les propres termes
de l'auteur.

Il explique et développe cette doctrine, pag.
429, n. 2 du même tom., et on y lit l'expression suivante : « Ainsi la communauté profite
» des fruits pendans par racines au moment de
» la célébration, et l'époux propriétaire profite
» à son tour de ceux qui sont dans le même
» état, au moment de la dissolution de la com-
» munauté, le tout sans récompense de part ni
» d'autre. *Secùs* sous le régime dotal (article
» 1571) ».

La conséquence qui sort naturellement du
sentiment de ces trois auteurs, est que l'article 585 du Code civil est général et absolu;
qu'il s'applique à l'usufruit accordé par la loi à
la communauté, sur les propres des deux époux,
comme à un usufruit qui serait accordé à un
particulier par une donation entre-vifs, ou par
un acte testamentaire; qu'il embrasse les deux
époques, celle du commencement et celle de
la fin de la communauté, et que l'on ne peut
pas, par des argumens spécieux, y créer des
distinctions ou exceptions que le Législateur n'a
pas faites. *Ubi lex non distinguit, nec nos dis-
tinguere debemus.*

Cependant M. Toullier a embrassé une opinion contraire au sentiment de Malleville, de
Locré et de Delvincourt; il dit, pag. 230 et

231 du 3.ᵉ tom. de son ouvrage sur le Droit civil français, que l'article 585 du Code civil n'est pas applicable à la dissolution de la communauté, et que, « sous l'empire du Code, » comme sous l'ancienne législation, il est dû » récompense des labours et semences des fruits » pendans par racines, sur les propres de l'un » ou l'autre des conjoints. » Tel sont ses termes.

Cet auteur raisonne de la même manière que si l'article 231 de la Coutume de Paris, et l'article 600 de la Coutume de Bretagne, étaient encore en vigueur, et cependant ils sont abrogés ; il borne, comme le faisaient ces Coutumes, ses regards sur les frais de culture existans à la fin de la communauté, sans les reporter sur ceux qui existaient au commencement, et c'est de là que découle l'erreur dans laquelle il est tombé sur cette matière : il fait une distinction que l'article 585 ne fait pas ; il applique la disposition de cet article, quand la communauté commence ; mais il en rejette l'application quand la communauté finit, tandis que l'article a pour objet le commencement et la fin de la jouissance.

Les raisonnemens qu'il fait pour colorer l'opinion erronée qu'il a embrassée, sont présentés avec beaucoup d'art ; mais s'ils sont spécieux, ils sont dépourvus de solidité. On va les réduire en objections, pour les réfuter plus victorieusement et avec plus de méthode.

PREMIÈRE OBJECTION.

Quoiqu'il existe, dit-il, beaucoup d'analogie entre les droits de la communauté sur les biens des deux conjoints, et ceux de l'usufruitier sur les biens sujets à l'usufruit, il y a néanmoins une grande différence.

RÉPONSE.

Pourquoi parler d'analogie entre les droits de la communauté sur les propres des époux, et ceux de l'usufruitier sur les biens sujets à l'usufruit, au lieu de reconnaître formellement que la communauté est usufruitière des propres des deux conjoints ? Il est certain que la communauté a toujours été placée dans la classe des usufruitiers, même sous le régime de l'ancienne législation, et pour l'extraire maintenant de la classe de l'usufruit, il faudrait rayer le second paragraphe de l'art. 1401 du Code, qui attribue à la communauté tous les fruits des biens personnels des deux époux, sans lui accorder aucun droit à la propriété. Il faudrait encore effacer du Code civil le quatrième paragraphe de l'art. 1409, qui impose à la communauté les obligations des usufruitiers ; la loi, en lui imposant ces obliga-

tions, la place dans la classe de l'usufruit. Cela
est évident,

Si M. Toullier avait reconnu que la communauté est usufruitière des propres des deux époux,
il lui eût été impossible de donner quelque couleur au système qu'il a embrassé sans tomber en
contradiction avec lui-même.

Nous discuterons bientôt la différence annoncée par M. Toullier entre la communauté et l'usufruit; mais nous ferons voir qu'elle est étrangère à la question relative aux labours et semences, et qu'elle ne peut point affaiblir la force
du principe que la communauté est usufruitière
des biens personnels des deux époux, ni servir
de prétexte pour trouver une distinction dans
l'application de l'art. 585 du Code à la dissolution, comme au commencement de la communauté.

SECONDE OBJECTION.

Le propriétaire et l'usufruitier ne sont point
en société comme les conjoints. Les droits respectifs des deux premiers ne se règlent donc point,
comme ceux des deux derniers, par les dispositions relatives aux sociétés. Tel est le premier
moyen employé au soutien de la différence alléguée entre la communauté et l'usufruit.

RÉPONSE.

On demande de quelle société il s'agit dans cette objection ? Est-ce de la société proprement dite ? Mais il n'existe point de société proprement dite, *strictè dicta*, entre les deux époux ; il y a seulement entr'eux une société des cœurs, une habitation commune et une collaboration commune, qui rend les gains et les profits communs. Aussi on lit, dans le Commentaire de l'art. 424 de la grande Coutume de Bretagne, par Duparc-Poullain, les termes suivans : *La communauté coutumière est bien différente du contrat de société.* Ce passage s'applique de lui-même à la communauté légale qui remplace la communauté coutumière, parce que celle-ci avait aussi lieu par la seule force de la loi, lorsqu'il n'existait point de contrat de mariage.

Il n'est point fait mention du contrat de société dans le tit. 5 du liv. 3 du Code civil, qui traite du contrat de mariage et des droits respectifs des époux ; il est vrai qu'on y trouve l'expression d'*association conjugale* ; mais cette expression présente une idée différente du contrat de société.

Pour se convaincre des différences qu'il y a entre la communauté et la société, il suffit de jeter un coup-d'œil rapide sur le tit. 9 du liv. 3 du Code civil, qui a pour objet le contrat de société, et de le rapprocher du tit. 5 du même livre qui concerne le mariage.

1.º La société doit être rédigée par écrit, lorsque son objet est d'une valeur de plus de cent cinquante francs. C'est ce que dit l'art. 1834 du Code civil.

Au contraire, on peut toujours se marier sans contrat, et la communauté s'établit sans contrat. C'est alors qu'elle est légale, comme nous l'avons déjà observé.

2.º On peut fixer le commencement de la société au jour du contrat de société, ou à une époque postérieure; cette liberté est accordée par l'art. 1843 du Code.

Mais le commencement de la communauté soit légale soit conventionnelle, est nécessairement fixé au jour du mariage. On ne peut pas stipuler dans un contrat de mariage qu'elle commencera à une autre époque; l'art. 1399 du Code civil le défend impérieusement.

3.º On peut, suivant les art. 1856 et 1857 du Code civil, établir par l'acte de société un ou plusieurs administrateurs des biens de la société, au choix et au gré des associés.

Au contraire, cette faculté n'a point lieu pour régir les biens de la communauté; le mari en est admistrateur de plein droit, et il est défendu d'en établir un autre. Cette prohibition résulte des art. 1388 et 1421 du même Code.

4.º Dans la société, les bénéfices se partagent en raison et en proportion de la valeur de la mise de chaque associé, à moins que le contrat de société ne porte des stipulations contraires. (Art. 1853).

Mais les biens composant la masse de la communauté légale, se partagent par moitié, même dans le cas où les mises des deux époux seraient inégales (Art. 1474).

On pourrait apporter plusieurs autres différences entre la communauté et la société; mais celles dont on vient de faire l'énumération, suffisent pour prouver qu'il n'existe point de société, proprement dite, entre les deux époux, et que leurs droits respectifs ne doivent pas se régler par les dispositions relatives au contrat de société. Aussi le Code civil a fait un chapitre séparé pour le mariage, et un chapitre séparé pour la société.

Ou la communauté est légale, ou elle est conventionnelle. Cette alternative n'offre point de milieu.

Au premier cas, c'est-à-dire si la communauté est légale, les droits respectifs des époux doivent se régler, comme nous l'avons déjà dit, par la première partie du chapitre second du titre cinq du livre trois du Code civil, c'est ce que porte l'article 1400 de ce Code.

Au second cas, c'est-à-dire si la communauté est conventionnelle, les droits respectifs des époux se règlent par la seconde partie du même chapitre. C'est ce qui résulte de l'article 1497 du Code.

On ne doit donc pas recourir, pour le réglement des droits des époux, à la loi du contrat de société : cette conséquence est évidente.

Mais quand bien même l'on supposerait qu'il existe, ce qui n'est pas, une société proprement dite entre les deux époux, cela ne changerait rien au principe qui donne à la communauté l'usufruit de leurs propres respectifs.

En effet, ce n'est pas le mari qui a l'usufruit des propres de son épouse; ce n'est pas l'épouse qui a l'usufruit des biens de son mari; c'est à la communauté que cet usufruit appartient. Il est clair que cet être moral, cette tierce-personne, placée entre les deux conjoints, conserverait tous ses droits, même dans l'hypothèse d'une véritable société. Ainsi le premier moyen de M. Toullier, au soutien de la différence qu'il a alléguée, dégénère dans un pur sophisme, et n'offre rien de concluant en faveur de son opinion.

Il y a plus; c'est qu'en supposant, comme il le fait, une véritable société entre les époux, et en renvoyant le réglement de leurs droits aux dispositions relatives au contrat de société, il fournirait un argument décisif contre son systême; car l'époux propriétaire *aurait mis* dans la masse commune les avances des semences et labours de la première récolte dont la communauté aurait profité; il devrait donc aussi retirer *cette mise* lors de la dissolution de la communauté, parce que chaque associé retire sa mise à la fin de la société. Le contrat de société est placé par les auteurs au rang des contrats commutatifs, (1) attendu que chacune des parties contractantes entend recevoir autant qu'elle donne.

⁕

TROISIÈME OBJECTION.

Cette objection roule sur une coupe de bois

---

(1) Ancien répertoire de jurisprudence, au mot société.

qui a été retardée; voici le raisonnement de M. Toullier :

Si l'usufruitier meurt, sans avoir fait une coupe de taillis, de baliveaux ou de futaie, qu'il a négligé de faire à l'époque fixée par l'usage, ses héritiers n'en ont aucune récompense, art. 590.

Au contraire, si les coupes de bois qui, en suivant les règles ordinaires, pouvaient être faites durant la communauté, ne l'ont pas été, il est dû récompense à l'époux non propriétaire du fond, ou à ses héritiers (1403), parce qu'il n'est pas juste que l'un des associés s'enrichisse aux dépens de l'autre.

Tel est le second moyen que l'auteur dont nous réfutons la doctrine, apporte pour étayer la différence dont il parle entre l'usufruit et la communauté.

REPONSE.

Cet argument porte encore à faux; il ne porte, ni ne peut porter aucune atteinte au principe qui établit la communauté usufruitère des propres des deux époux; il n'offre même pas une exception à ce principe, et s'il en offrait une, il ne ferait que confirmer la règle.

Il faut se bien pénétrer ici de l'esprit et de l'intention du Législateur, et dès-lors on sera convaincu de la futilité de l'objection.

On convient que si l'usufruitier n'a pas fait une coupe de bois qu'il avait le droit de faire durant sa jouissance, il n'en est dû aucune récompense à ses héritiers. Cela est vrai dans la thèse générale, suivant l'art. 590 du Code civil.

Mais pourquoi les héritiers de l'usufruitier ne peuvent-ils prétendre aucune récompense pour cette coupe de bois qui n'a pas été faite avant l'expiration de l'usufruit ? C'est que, d'un côté, la loi ne favorise pas les négligens, et que, d'un autre côté, il dépendait de l'usufruitier de la faire; et s'il ne l'a pas faite, comme il en avait le droit, c'est qu'il ne l'a pas voulu. *Volenti non fit injuria.*

Tel est le motif de la loi qui refuse dans ce cas une récompense aux héritiers de l'usufruitier; il eût été contraire à la raison de leur en accorder une, puisque l'omission ne peut être imputée qu'à la négligence, ou à la volonté de leur auteur; cette négligence, cette volonté devient, en quelque sorte, la leur propre, parce qu'il est de maxime que la personne de l'héritier représente la personne du défunt.

On convient encore que si une coupe de bois taillis, baliveaux, ou futaie, qui pouvait se faire durant la communauté, ne l'a pas été, il en est dû une récompense, non pas à l'époux qui n'est point propriétaire du fond, comme le dit M. Toullier, mais à la communauté, parce que c'est à la communauté qu'on a causé du préjudice, de maniere que l'époux non propriétaire du fond, ne doit avoir que la moitié de la récompense; c'est ce qui résulte de la seconde disposition de l'article 1403 du Code civil, dont la première disposition place évidemment la communauté dans la classe des usufruitiers, comme nous l'avons prouvé plus haut.

Mais quel est le motif qui a porté le Législateur à faire ici une exception à la disposition générale de l'article 590, et à accorder, dans ce cas, une récompense à la communauté ? Ce motif est facile à saisir, en se rappelant que le mari est, de plein droit, administrateur des biens de la communauté, et qu'il est absolument défendu d'en établir un autre.

En effet, le Législateur a prévu que cet administrateur pouvait commettre des fraudes, ou faire des omissions frauduleuses, dans le dessein d'avantager son épouse, ou de s'avantager lui-même aux dépens de la communauté ; que, voyant sa femme attaquée d'une maladie mortelle, il pourrait retarder, jusqu'après son décès, la coupe des bois existans sur un fond dont il est propriétaire, afin d'en profiter seul ; ou que, se voyant lui-même menacé de la mort, il pourrait, pour avantager sa femme, retarder la coupe des bois appartenant à sa femme, afin qu'elle en profite seule au préjudice de la communauté ; c'est pour remédier à ces fraudes et pour empêcher ces avantages indirects, que le Législateur a fait la seconde disposition de l'article 1403 du Code civil, et qu'il a statué qu'il était dû dans ce cas une récompense à la communauté.

Cette disposition ne se trouverait point dans le Code civil, si la communauté pouvait régir et administrer elle-même les biens dont elle a l'usufruit, comme le peut un usufruitier qui jouit en vertu d'un acte de donation ; car on lui dirait aussi alors : *C'est votre faute si vous n'avez pas fait la coupe quand vous le pouviez.* Mais, dans l'état actuel des choses ; on ne peut pas tenir ce langage à la communauté, puisqu'elle est dans l'impossibilité d'agir par elle-même, et que l'administrateur qui lui est donné, peut commettre des fraudes.

Mais, en réprimant ces fraudes, il est clair que le Législateur n'a pas eu l'intention de décider que la communauté n'était point usufruitière des propres des époux, ni de porter aucune atteinte à la qualité d'usufruitière qui lui appartient.

S'il est de principe que les époux ne peuvent pas s'enrichir aux dépens de la communauté, il y a un second principe qui est également certain : c'est que la communauté ne peut pas s'enrichir aux dépens des époux ou de l'un d'eux. Ce second principe ne peut pas être révoqué en doute.

Or, nous ferons voir bientôt que la communauté s'enrichirait au détriment de l'époux propriétaire, s'il était obligé de payer ou de rapporter à la masse commune le montant des frais de culture, pour disposer des fruits pendans par racines sur son propre à l'époque de la dissolution de la communauté.

QUATRIÈME OBJECTION.

Après avoir dit qu'il n'est pas juste que l'un des associés s'enrichisse aux dépens de l'autre, M. Toullier raisonne ainsi : « C'est d'après ce » principe que la Coutume de Paris, dans l'ar- » ticle 231, qui était de Droit commun, char- » geait le conjoint dont les propres avaient été » labourés et ensemencés aux frais de la com- » munauté, de payer, lors de la dissolution, » la moitié des labours et semences ».

Ainsi cet auteur regarde l'article 231 de la Coutume de Paris comme étant de toute jus- tice. Nous en avons rapporté le texte ci-dessus.

RÉPONSE.

Le Droit romain était l'objet des études et des connaissances de tous ceux qui se destinaient aux emplois civils dans les tems de la dernière réformation [1] ou rédaction des Coutumes. Aussi plusieurs dispositions de ce Droit entrèrent dans les diverses Coutumes de la France.

Quoique la communauté entre le mari et la

---

(1) La très ancienne Coutume de Bretagne fut rédigée en 1330, l'ancienne en 1539, et la nouvelle en 1580.

femme ne fût pas connue dans le Droit romain, qui ne connaissait que le régime dotal, ce droit contenait des dispositions sur l'usufruit; il accordait à l'usufruitier tous les fruits pendans à l'ouverture de l'usufruit, sans obliger l'usufruitier au remboursement des frais de culture de la récolte dont il profitait, et il accordait aussi au propriétaire la récolte des fruits pendans à l'expiration de l'usufruit; mais il lui imposait [1] l'obligation de rembourser les frais de culture à l'héritier de l'usufruitier.

C'est de ces dispositions du Droit romain que l'article 231 de la Coutume de Paris avait été formé; les réformateurs les adaptèrent à la communauté conjugale, parce qu'ils étaient convaincus que la communauté était placée dans la classe des usufruitiers, respectivement aux biens propres des deux époux. Tel est le principe qui avait donné l'être à l'article 231 de la Coutume de Paris.

Il y a lieu de présumer que les réformateurs, tout imbus du Droit romain, n'examinèrent pas sérieusement la question de savoir s'il était juste ou injuste d'assujétir l'époux propriétaire au remboursement des frais de culture à la fin de la communauté, quoique ces objets ne lui eussent pas été remboursés à lui-même au commencement; car s'ils en avaient fait un examen sérieux, ils auraient aperçu la même injustice qui a été signalée par Renusson et par Sauvageau, et qui

---

(1) Discours de M. Gary, Orateur du Tribunat, sur la loi de l'usufruit.

a été démontrée par Duparc-Poullain sur l'article 600 de la Coutume de Bretagne, qui s'appliquait aussi à la communauté avant le Code civil. La raison dicte qu'il est absolument injuste d'obliger le propriétaire à rembourser les frais de culture de la dernière récolte, tandis qu'on ne lui pas remboursé ceux de la première : cette injustice est évidente et manifeste.

Ainsi, il ne faut point parler de justice ni d'équité, quand il s'agit de l'article 231 de la Coutume de Paris ; cet article enrichissait la communauté aux dépens de l'un des conjoints.

***

CINQUIÈME OBJECTION.

***

Après avoir fait un raisonnement inutile sur l'article 231 de la Coutume de Paris, l'auteur continue en ces termes : « Si le Code n'a pas,
» sur ce point, de disposition particulière, il
» en contient une générale dans l'article 1437,
» qui veut que toutes les fois que l'un des époux
» a tiré un profit personnel des biens de la com-
» munauté, il en doive la récompense ; principe
» de justice qui s'applique, par une conséquence
» directe, au conjoint dont les propres ont été
» labourés et ensemencés aux dépens de la com-
» munauté, puisqu'après sa dissolution, il pro-
» fite seul des fruits. »

RÉPONSE.

Cette objection suppose que le propriétaire qui reprend son propre, avec les fruits pendans par racines lors de la dissolution de la communauté, sans rembourser les frais des semences et labours, tire un profit personnel de la masse de la communauté; mais on sera convaincu qu'il n'en retire aucun, et que la communauté ne fait que lui rendre à la fin ce qu'elle avait reçu de lui à l'époque de la célébration du mariage. Lorsque nous aurons répondu à l'objection, dans toutes les parties qu'elle contient, on verra alors s'écrouler de fond en comble le système que nous réfutons, parce que sa base ne repose que sur un prétendu profit personnel qui dégénère dans une chimère.

Bien loin de trouver dans le Code civil une disposition semblable à l'article 231 de la Coutume de Paris, on en trouve une tout-à-fait contraire dans l'article 585, puisqu'il n'admet aucune récompense pour les frais de culture, ni au commencement ni à la fin de l'usufruit, ni au commencement ni à la fin de la communauté. L'article embrasse ces deux époques, et il statue sur les deux ensemble par une seule et même disposition, *sans récompense de part ni d'autre des labours et des semences.*

Si l'article 1437 du Code s'appliquait aux labours et semences lors de la dissolution de la communauté, le Législateur serait tombé dans une contradition manifeste, puisque cet article déciderait tout le contraire de ce qui est formellement décidé par l'article 585. Mais on ne doit jamais supposer le Législateur en contradition avec lui-même. On doit au contraire penser que la réflexion et la sagesse ont présidé à toutes ses opérations.

Aussi l'article 1437 du Code n'a point été fait pour détruire l'article 585; il a été fait par un autre motif et pour d'autres cas. Mais quels sont les cas pour lesquels a été décrété l'article 1437 du Code civil ? Le texte aidera à les faire connaître. Le voici : « Toutes les fois qu'il
» est pris sur la communauté une somme, soit
» pour acquitter les dettes ou charges person-
» nelles à l'un des époux, telles que le prix
» ou partie du prix d'un immeuble à lui propre,
» ou le rachat de services fonciers, soit pour
» le recouvrement, la conservation ou l'amé-
» lioration de ses biens personnels, et géné-
» ralement toutes les fois que l'un des deux
» époux a tiré un profit personnel des biens
» de la communauté, il en doit la récompense. »

Ce texte annonce de lui-même les cas pour lesquels l'article 1437 a été fait. Il est un monument de la réflexion et de la sagesse du Législateur.

1.º Si on a pris de l'argent dans le coffre de la communauté pour acquitter une dette qui était personnelle à l'un des époux, celui-ci en doit une récompense à la communauté. On pourrait apporter pour exemple les dettes d'une succession, entièrement composée d'immeubles, qui serait échue depuis le mariage. Car, de même que le fond de ces immeubles n'entre point dans la communauté, de même aussi les dettes dont ils sont grevés, ne sont point une charge de la communauté.

2.° Si l'un des époux avait acquis un immeuble, avant le mariage, sans en avoir payé le prix, cet immeuble lui appartiendrait personnellement; mais si le prix en avait été payé des deniers de la communauté, l'époux acquéreur en devrait une récompense à la communauté lors de sa dissolution.

3.° Si on avait fait le rachat d'une servitude, soit urbaine, soit rustique, qui était due sur le propre de l'un des conjoints, il se.ait dû une récompense à la communauté pour ce rachat.

4.° Si l'un des conjoints avait vendu à terme de réméré un immeuble avant le mariage, et si le réméré avait été exercé durant la communauté, cet immeuble redeviendrait un propre de l'époux vendeur; mais il devrait une indemnité à la communauté pour l'argent tiré de la caisse commune pour l'exercice de ce réméré.

5.° S'il était formé une action rescisoire pour lésion énorme contre un acquêt fait par l'un des conjoints avant le mariage, et si, pour conserver ce bien qui lui est propre, il avait payé un supplément de prix avec de l'argent de la communauté, il serait encore dû, dans ce cas, une récompense à la communauté.

6.° S'il avait été tiré des deniers du coffre de la communauté, pour faire de grosses répa-

rations sur un édifice, ou pour mettre en rapport
de culture un terrain vague et en friche, l'époux
propriétaire de l'édifice et du terrain devrait une
indemnité à la communauté pour ces grosses
réparations et pour cette amélioration.

On pourrait citer plusieurs autres cas du
même genre auxquels s'applique l'article 1437
du Code civil ; mais ceux dont on vient de
donner le détail, suffisent pour faire connaître
et l'intention du Législateur, et le motif pour
lequel il a porté l'article 1437.

On pourrait donc conclure dès ici que cet
article n'a, ni ne peut avoir, aucun rapport aux
labours et semences sur lesquels il avait déjà
été statué par l'article 585 du Code.

Il est bon de remarquer que l'article 585 fait
partie de la loi du 9 pluviôse an 12 (30 jan-
vier 1804), et que l'article 1437 se trouve dans
celle du 20 du même mois de pluviôse, corres-
pondant au 10 février 1804. Il n'y a que dix
jours d'intervale entre ces deux lois. Le Législateur ne pouvait donc pas avoir perdu alors de
vue l'article 585 du Code civil.

Les divers cas dont nous avons fait l'énumération ci-dessus, sont clairement désignés dans
le texte de la première partie de l'article 1437 ;
et comme il aurait été trop long de désigner
aussi tous les autres cas pour lesquels cet article
a été porté, le Législateur a inséré dans la seconde partie une disposition générale, qui s'applique à tous les cas où l'un des époux a tiré
un profit personnel des biens de la communauté.
Mais quel est le sens de la seconde partie de

l'article 1437 ? Elle doit être entendue dans le même sens que la première; elle ne peut donc avoir aucune application, ni même aucun rapport aux labours et semences; car le Législateur aurait été bien peu prudent et bien peu réfléchi, si, après avoir porté une première décision sur les labours et semences, il en avait donné une seconde sur les mêmes objets dix jours après la première. La saine raison ne permet pas de supposer une telle imprudence, une telle irréflexion dans l'esprit du Législateur.

Mais ce qui achève de démontrer que l'article 1437 ne peut avoir aucun rapport aux labours et semences; c'est que l'époux propriétaire qui reprend son propre avec les fruits pendans par racines à l'époque de la dissolution de la communauté, ne tire aucun profit personnel des biens de la communauté. Il est aisé de s'en convaincre, en considérant l'article 585 tel qu'il est, et en faisant attention aux deux époques, celle de l'entrée en jouissance, et celle de la cessation de jouissance, comme il les embrasse lui-même, sans faire des distinctions qu'il ne fait pas.

En effet, la communauté, en disposant de la récolte des fruits pendans lors de la célébration du mariage, n'a point remboursé à l'époux propriétaire les semences, engrais et labourages, et par réprocité de raison, l'époux propriétaire dispose de la récolte des fruits pendans sur son propre lors de la dissolution de la communauté, sans rien rembourser aussi à la communauté pour les semences, engrais et labours. Les frais de culture qui existent à la fin de la jouissance, forment une compensation avec les frais de culture qui existaient au commencement. La communauté, lors de sa dissolution, rend au conjoint propriétaire ce qu'elle avait reçu de lui lors de la célébration du mariage; ce n'est donc qu'une restitution qui exclut jusqu'à l'idée d'un profit personnel.

Que devient maintenant le système que nous combattons ? Il s'évanouit et tombe avec le fondement qu'on avait imaginé de lui prêter. Il n'y a point de profit personnel, et par conséquent il n'y a point lieu à l'application de l'article 1437, à moins qu'on ne veuille lui faire produire une conséquence inverse de ce qu'il décide.

L'équité s'élève même avec force contre le système que nous réfutons; car il ouvre la porte à une perte, à un préjudice notable au détriment de l'époux propriétaire, puisque, dans ce système, on ne lui rembourserait pas les labours et semences de la première récolte dont la communauté aurait profité, et que cependant il serait obligé lui-même de rembourser les labours et semences de la dernière récolte à la communauté. Ainsi il perdrait toutes les avances qu'il aurait faites pour procurer la première récolte; le préjudice qu'il en souffrirait est sensible et palpable.

Ce préjudice est une injustice d'autant plus révoltante, qu'elle enrichit la communauté aux dépens de l'époux propriétaire.

L'équité est donc blessée ouvertement. Les cendres de Renusson, de Sauvageau et de Duparc-

Poullain s'agissent et se remuent pour réclamer contre l'injustice de ce système.

Au contraire, le sentiment qui n'admet aucune récompense pour les labours et les semences, ni au commencement ni à la fin de la communauté, est évidemment juste et équitable.

Il est juste, parce qu'il est conforme à l'article 585 du Code civil qui est fait et pour l'entrée en jouissance, et pour la cessation de la jouissance.

Il est équitable, parce qu'il y a une compensation entre les labours et semences qui existaient au commencement et ceux qui existent à la fin.

Il est moralement impossible de trouver un tems où l'époux propriétaire n'apporterait pas à la communauté des travaux et des dépenses pour préparer la première récolte dont elle profite. La vérité de cette proposition se démontre par quelques réflexions sur les divers pays de culture.

Dans les pays où l'on sème des grains, tels que des blés-seigle, des fromens, des avoines, des blés-noir, comme dans le ressort de la Cour royale de Rennes, la récolte ne se termine que vers la fin de septembre ou les premiers jours d'octobre, et c'est dans la fin du même mois d'octobre ou les premiers jours de novembre, que l'on sème les blés-seigle et les fromens d'hiver.

Dans les pays vignobles, les vignes exigent une culture qui est de presque toutes les saisons de l'année. Il faut tirer les échalas dans l'hiver, les repiquer au printems, bécher les vignes, les lier, les accoler, les ébourgeonner, et éplucher les vers qui se mettent dans le verjus.

La communauté profite donc toujours des travaux et des impenses du conjoint propriétaire, lorsqu'elle commence. Il est donc de toute justice qu'elle rende quelque chose pour ces impenses au propriétaire, lorsqu'elle finit.

Si par hasard il peut arriver quelque différence de valeur entre les semences et labours existans au commencement, et les semences et labours existans à la dissolution de la communauté, il faut se rappeler, comme l'a dit M. Locré, que la chance est égale, et que sur-tout le Législateur a tari la source des contestations et des procès auxquels le prisage et le remboursement des labours et semences donnaient lieu sous le régime de l'ancienne législation.

La tâche que nous nous étions imposée dans l'unique vue du bien public, paraît remplie. Nous faisons ici des vœux pour que désormais tous les Jurisconsultes décident que l'art. 585 du Code civil est applicable à la communauté conjugale, pour les frais de culture, tant à l'époque où elle commence, qu'à l'époque où elle se dissout, et pour qu'il ne soit plus mention de la malheureuse controverse qui pouvait occasionner des procès ruineux pour les familles.

Il faut maintenant résumer en peu de mots tout ce que nous avons établi ci-dessus.

La communauté est usufruitière des propres des deux époux. Cette proposition est prouvée et même démontrée. Donc l'article 585 du Code civil, concernant l'usufruit, s'applique à la communauté légale entre les époux.

Cet article n'admet aucune récompense des frais de labours et de semences, ni au commencement ni à la fin de l'usufruit; donc il ne doit aussi y avoir lieu à aucune récompense des mêmes objets, ni au commencement ni à la fin de la communauté; donc l'époux propriétaire auquel on n'a point remboursé les labours et semences de la première récolte dont la communauté a profité, ne doit rien rembourser ni payer pour les labours et semences de la dernière récolte dont il profite lui-même.

Tel est le sentiment de M. Malleville dans l'Analyse raisonnée de la discussion du Code civil au conseil d'Etat; de M. Locré dans l'ouvrage intitulé Esprit du Code civil, et de M. Delvincourt, Professeur en Droit à Paris, dans son Cours de Code civil.

Le sentiment de ces auteurs est conforme, non seulement à la loi, mais encore à l'équité, parce qu'il admet une compensation entre les labours et semences existans au commencement de la communauté et ceux existans à l'époque de sa dissolution; qu'il établit une chance égale, comme le fait la loi, et qu'il coupe la racine aux contestations que le remboursement des semences et labours entraînait sous le régime des anciennes lois.

Soutenir le contraire, et dire qu'il est dû à la communauté une récompense pour les semences et labours lors de sa dissolution, quoiqu'elle n'ait pas remboursé à l'époux propriétaire ceux de la première récolte dont elle a profité, c'est distinguer où la loi ne distingue pas; c'est raisonner comme si l'article 231 de la Coutume de Paris et l'article 600 de la Coutume de Bretagne étaient encore en vigueur, quoiqu'ils soient abrogés ; c'est faire perdre à l'époux propriétaire les labours et semences au commencement de la communauté ; c'est commettre une injustice à son égard, et c'est enrichir la communauté à ses dépens.

Ces inconvéniens sont trop graves et trop sensibles, pour qu'on ne soit pas convaincu que la communauté doit au conjoint propriétaire une restitution pour les labours et semences dont elle a profité lors de la célébration du mariage, et que ceux dont il a profité à son tour, lors de la dissolution de la communauté, tiennent lieu de la restitution qui lui était due.

L'équité qui se manifeste ici d'elle-même, doit porter tous les esprits à se réunir, pour suivre dans la pratique le sentiment de Malleville, de Locré et de Delvincourt, sentiment conforme au texte de l'article 585 du Code civil, à l'esprit de la loi, à l'intention du Législateur et à l'équité.

www.ingramcontent.com/pod-product-compliance
Lightning Source LLC
LaVergne TN
LVHW010407060726
842526LV00005B/1554